AF295244

Justin Larma

Elämän tyrskyissä

runoja

FSC
www.fsc.org
MIX
Paperi vastuul-
lisista lähteistä
Paper from
responsible sources
FSC® C105338

© 2015 Justin Larma
Kustantaja: BoD – Books on Demand, Helsinki, Suomi
Valmistaja: BoD – Books on Demand, Norderstedt, Saksa
ISBN: 978-952-318-622-4

Elämän tyrskyissä

Justin Larman kolmas runokokoelma

Ensimmäinen kokoelma **Elämän virrassa** 2014

ISBN 9789522868176

Toinen kokoelma **Elämän kaarella** 2015

ISBN 9789523185333

Omistan kirjan

runojeni ystävälle ja kannustajalle

Arja-siskolle

ja

Kitille

Sarastus

Sävelkulku keinuttaa
vie rytmeissään
illan hämärään

Uuvuttaa
unenrajan raukeaksi
mainingin nyyhkiväksi

Levolliseksi
rannan kulkea
kotiin asti
yön aamuun
taipuvaksi

Kevättä rinnassa

Ne keväiset päivät
vietin kotona maalla
katsellen keväthangen valkoisuutta
taivaalla soutavien ja ohi kiitävien pilvien
sinisiä varjoja lumella
niitä, jotka hivelivät ohi kiitäessään
kenkiesi jättämiä jälkiä

> ensin kurkistaen painauman
> reunalta pohjalle
> ja nousten toista reunaa ylös
> paetakseen pian uteliaana
> kohti seuraavaa painaumaa

Lähdit kävellen pellon poikki
jo varhain aamulla
määränpäätä kertomatta

Pilven varjo jatkaa matkaa
seuraten askeltesi uraa
se on riipinyt ajatukseni mukaansa
tyhjentänyt mielen pajatson
viimeistä kolikkoa myöten
odottamaan
TÄYSOSUMAA……

Läppäri HUUTAA runoon SEURAAVAA SANAA

KERTOISINKO…
–kuinka onnensiniset pilvet seurasivat menoaskeleitani

–vai siitä, kuinka ne paluumatkalla mustanpuhuvina
kantapäissäni roikkuivat

–vai siitä, kuinka saavuit ja syliini kapsahdit

Kaiken jälkeen

Ovi josta poistuit
ammottaa
avoimena
tyhjyyteen

Lähtösi riisui mieleni
alastomaksi
avuttomaksi
Alttiiksi loukkauksille
Tyhjäksi ikävälle
surulle

Astuin ovelle
katsoin jälkeesi
    Näin vuoret
    ja sinisen taivaan
Pääskyset
syöksymässä pesilleen

Kädelläni leppäkertun
mustat pilkut
sieluni avaimet

en sinua

Lähtö

Valloittavaa sanojen mellastusta
alakuloa järjen ylistystä
fantasiaa alimmasta ylimpään helvettiin
pumpulinpehmeisiin taivaisiin
kosteaan syliin ja
läkähdyttävästi pamppaileviin sydämiin
käsiin lantioluita pursovilla ihroilla
jalkoihin jalkojen välissä
rakkauteen illan hämyssä
rantakalliolla
tuulen huuhtoessa hikeäsi
hyttysille ateriaksi

Ruotsinlaiva
Maarianhaminan satamassa

Lopeta jo
vielä ehdimme

Sinäminäme

Koskettelin hiuksiasi
hiusmartoasi

aistein herkin
seestyit
käsieni lämpöön

levollinen rauha
raukea
sylin tarve

yhteys idullaan
pian riehakkaassa kukassa

Pian alkava

Oksan pätkä nokassaan
hangella kieppuu tohkeissaan
Harakka, pesäpuuhat mielessään
ahertaa kevät puuhissaan
lentoon pyrähtää
lähipuuhun kiirehtää
mennessään nauraa räkättää
pian taas hangella viilettää
jatkaa pesätarpeiden etsintää
Puuhakas

Katselen sen touhua ikkunasta
ei se estä kirjoittamasta
kertomasta
runoilemasta
toteamasta
kuvittelemasta

haaveilemasta
pian alkavasta
aurinkolomasta

Missä missä

Outoja tarinoita
monenmoisia jorinoita
itkunsekaisia
naurunremakoita
hiljaa yöhön sammuvia
kuulumattomiksi kuihtuvia

Missä
satuilevia sanoja
ankarin kääntein
tuskan vääntein
päättyen viimein
alistuvin ääntein

Missä
kuiskuttelevat juoruilijat
selän takana piruilijat
unohtuvat lupaukset reilut
kun kateudessaan heiluvat
ja sytyttävät noitavalkeat

Missä
toinen ääripää
hiljaisuus mykistää
olotilan vääristää
puhuja jänistää
karkuun livistää

Siellä
saakin nauttia vapaudesta
sanomisen onnesta ja ilosta
katsella olemista auvoista
ritirinnan riemuita neuvoista
runoratsujen sanoista

Täällä

Voi taivas

Katson taivastani
avaruutta ympärilläni
tähtiä ja planeettoja
ohi kiitäviä raketteja

Tänään avaruuteni on erilainen
taivaani poimut repesivät
sähiseviksi riekkuviksi
revontuliksi

Huikaiseva uusi tanssi
taivaankannella
Jumalan sormi
liipasimella

Kertaosuma

Se ampuu!
hiihtää karkuun
aikaa
elämää
tullakseen
maaliin

Hetken voittoon!

Mitali kaulassa
huomiseen
uusintaan

Maine

Sanoivat maineen menneen
niin sanoivat
minne se meni maineen
sitä ihmettelin
kunnes ymmärsin
että maine meni
ja jälleen ihmettelin
miten niin maine meni
kun kaikki tietävät
sen mitä tietävät
ja loput luulevat
että maine meni, vaikka lisää sitä tuli

Mokaamisen paras puoli
onkin se huoli
maineen kasvusta
tietyssä mielessä
mutta onko se niin vaarallista
jääpä muistihistoriaan
jotain epätavallista
vaikkakin jos tarkkoja ollaan
joka puolella on mokaamista
siis sitä maineen kasvattamista
ja taas sanotaan että
maine meni, vaikka lisäähän sitä tuli

Toistuvaa

Yksin
puiston penkillä
auringon valo
valkoisenharmaissa
harvenneissa hapsissa

Katse
kauas etäisyyteen
näkymään
jota silmät eivät
enää tavoita

Kuuntelee
sisäistä ääntään ja
kuvittelee sirkkojen soiton
sellaisena kuin sen
kuuli aikuisuuden kadotessa

Ajatukset
sammaltavat toivottomin
kääntein, yrittäen tarttua
kiinni järjelliseen
tavoitellen ymmärrystä

Katoaa
tarinan juoni
toisen tunkiessa lyhyenä
tilalle, sekoittaessa
lopunkin tavoitetun

Muistisairaan epätoivo
toimettomuuden
kaoottisessa kuohussa

"En löydä lausettani"

Nöyräksi veti

Metsässä kävelin
leveän puron kohtasin
kevättulvassaan yltyvän
vaahtosylkyisen
pulputtavan
pirskahtelevan

Sen mutkaan edeten
ylitse yritin kurkotellen
kivillä kompastellen,
etukennoon kumartaen
yllättäen veteen pudoten

Polulle takaisin kipusin
kiukuissani kiven nakkasin
molskahti uhmakkaasti
olisinpa pudonnut alasti
ei olis kamppeet märkänä kaulaan asti

Musta

Musta on tehty syntipukki
mustin ajatuksin
mustaan yöhön pakenin
kuin musta lukki
kutomaan mustimpia verkkojani
tiedät varmaan
miltä tuntuu
musta

kurkistaa
kirkkaimpaan aamuun
keväthankien kimallukseen
metsälintujen liverrykseen
tuulen henkäykseen
onnelliselta
tuntuu
musta

Satuttaa

Hersyvä naurusi
pilkallinen
iskee
tajuntaan
syvälle
kairaten
tunnelin
kauas
ulos

unohdukseen

se ei pääse
kirvelee
mieltä
kyyneliä
silmäntäysi
sumentaen
kasvosi
ja nuo huulet
joilla
hymy
yhä karehtii
pirullisuutta

Tarkoitus

Luin sanojasi
kuljin maailmoissasi
sen herkistävissä
kohtaamisissa ja hetkissä
ihan lähellä
ja siellä kaukana
kuvitellun
ja todellisen
rajamailla
väikkyvien
teiden ja polkujen risteyksissä
valitsemassa
uutta suuntaa
lause lauseelta
hullaantumalla niiden vietäväksi
kuin rakkautesi kohteet
mielessäsi

Mietin majataloa kuunkehrän alla
pitkine varjoineen
hämyisen pellon takana
ja askeleitasi kiviportailla
sormin tartuttavia
takorautaisia kaiteita
joita karkuun ei pääse
kuin yhdestä ovesta
rakastamalla
taivaankannen kaikkia tähtiä
aamuun hiipuen sammuvia
niin tahtomattasi
löytyy tarkoituksesi
minulle

Siltä seisomalta

Kuulinhan minä
että halusit sen ja
vähän muutakin
siltä seisomalta

Onneksi vielä seisoo
majakka luodollaan
viittomassa valoillaan reittiä
pimeällä merellä
estämässä purtten eksymisen
vaahtopäiden kätkemiin
salakareihin ja
ryskymisen rantakallioihin

Kapteeni hoi
suunnan tulee olla selvä
kuten pääsikin
nahkakaljuisen
ilman haiventakaan

Se tulee silmin havaita
kalaparvien liikkeet
elokuisen yön pimeydessä
kelluvia verkkomerkkejä
väistellen, saalista etsiessäsi

sitähän sinä halusit
saalista siltä seisomalta

onneksi vielä seisoo
majakka luodollaan

Uskallan katsoa

Heräsin
  heräsin
  katsomaan

nukkuruttuisia kasvojasi
  lakanoiden niille kirjomia
  riemukiemuroita

syntyneitä uurteita
  yön painaumia
  joissa hippunen unen taikahiekkaa

hiuksillesi laskeutunutta
  pientä untuvaa, hentoa
  kuin enkelin siipi

pisaraa huulillasi
  arastellen kimaltavaa
  mettä suukoissasi

onnenpisaroita
  aamussani

Aamutovi

Nousit
yönlämpöä hehkuen
aamuhämärässä
        kulkuasi seurasin

maalasin
katseellani
Sinut
sydämeni palapeiliin

hamusin
huultesi kuvia
peilin
usvaisen höyryiseen pintaan

harmaana katsoivat
lempeät silmäsi
jäivät odottamaan
salamoiden päivää

katsoit taaksesi

hiusmartosi sädehti
aamuauringossa

Potero

Rientäisin luoksesi
hylätty ajatukseni
jos osaisin navigoida
polkupyörälleni reitin
niille poluille
jotka rakensit
kallioiden ja kelojen väleihin
jäkäläiselle rinteelle
jyrkänteen alle

Rientäisin luoksesi
tavoitettu
ja sulkisin sydämeeni
tarakalle vietäväksi
takaisin
yhteiseksi aikomaani pesään
elementtitalon
kolmannessa kerroksessa
suuren ikkunan takana

Rientäisin luoksesi
omani
aina työstä palattua
tunnit kaivattuani
yhteisiin hetkiin
neljän seinän poteroomme
ravintonamme
toisemme
vain toisemme
toinentoisemme

Pyörteissä

Kun askellan, askeltesi
on seurattava liikkeitäni
langettava niiden taikaan
liikkumaan keskeiseemme aikaan

toisiaan hipoen
tiiviisti kiinni painautuen
syntyvät kuviot
hitaan tangon lemmenroviot

iho ihoa vasten
lämpö lämpöön sukeltaen
pyörryksiin
hurmoksen kierteisiin
askeliin

Paljon

On niin paljon sanoja
ajateltuja
kirjoitettuja
luettuja
lukemattomia

Kesken jääneitä lauseita
muistoja
mustetahroina
paperilla
lukulasien alla

Ajatusten kulkuja
oivallettavaksi
opiksi
ojennukseksi
sielujen evääksi
mieleen talletettavaksi
myös unohdettavaksi

Niin kovin
kovin paljon

Onnelliset?

Kuinka onnellisia ovatkaan
kulkurit, jotka joka aamu
suuntaavat uuteen
näkevät maailman pienet kulmat
takapihojen sokkelot ja salaisuudet
kohtaavat
kummallisen ylenpalttiset jätteet
kahlituissa ympyröissään
eläviltä

Mitä on elämä ilman vapautta ja iloa
ilman lintujen laulua
ja pilvitaivaan kiloa,
pölyävää tietä ja
ilman raikastavia
vesipisaroita.

Kujakissa

Kujakissa hiippailee seinänviertä
kevyin askelin, varoen
välttäen herättämästä huomiota
onnistumatta

liian kaunis se on katsein hyljätä
sen luonto
kuitenkin kujille paloi,
ei latkimaan navettalämmintä maitoa
halusi pelotella hiiriä

Kujakissan palo nousta katoille
ravata valtakunnassaan
lähempänä taivasta
on sietämätön vimma..

Ja eräänä aamuna se tulee luokse
kiehnää pohjetta vasten kevyesti hipaisten
kiertää puolelta toiselle
Kätesi ojentuu kosketukseen
Hellyt sen kehräykseen
       Kunnes...
       kujat kutsuvat taas kulkijaa

Elämä ympärillä

Juna rymistää raiteillaan
taloa vavisuttaa
raitiovaunu matkaa keskustaan
kurveissa vingahtaa
maan alla on hiljaisempaa
metrolla matkustaa

vaan ylös noustava on tunnelista
rullaportaita
rappujen kipuamista
tasanteilla viipymistä
uloskäynneillä tönimistä

kaupungin jylinä
kiire
sotkee ajatukset
kirveltää nenässä niiskutukset
silmät ovat vailla pyyhkimistä

askeleita sinne tänne
tässäkö on elämämme?

Diktaattori?

Käveli ennen emäntä yli pihan
tarkasti aitan, navetan ja piian
touhut askareissaan
työnjohtajana hääräsi
usein koko talon työt määräsi

Nykyajan emännät naisia ovat
on pyrkimykset, odotukset kovat
tasa-arvon nimissä touhuavat
muualla on mukavampi liikkua
muualla toki, ei kotona

Muutos on kai välttämätön
sen ymmärtää pian lapsikin
isätön ja äiditön
kun hoitotäti paras tuki on
matkalla ei pärjää lohduton

Koulussa ope yrittää parastaan
paimentaa suurentuvaa katrastaan
ei syynäämään ehdi kännyköitä
valvoo tuskissaan öitä
hänelläkään ei ole pian töitä

Kunta kun raastaa viimeisetkin eurot
tukiopetuksen purkaa
ja laukkaa hiessään psykologit neurot
kuka pelastaa kansakunnan toivot
ja taltuttaa niiden raivot

Tableteilta luetaan
kiukkuvuorta kasvatetaan
kontakti kun läheisiltä puuttuu
helposti korvikkeeseen juuttuu
niin aika muuttuu

Isit, äidit takaisin
lapset oottaa kotona iltaisin

Maailman varmaan toisin rakentaisi
jos perhediktaattori olisi
....parempiko olisi?

Naisten päivänä 8.3.2015

Kesää kohti

Sipisten ja supisten sulavat hanget
nipsuen napsuen katoavat jäät
solisten pisarat sirpattaviin puroihin

Vielä tovin polanne sinnittelee asfaltilla
liruttelee ehtyvää muotoaan
viemärikaivoon noruen

Kevyesti kulkee kevät
valossaan kuulas
syntymässään mehuisan raikas

Heräilevät routaunestaan koivut
tuohipaidoissa vuolaat mahlavirrat
oksilla turvonneet silmut ja urpujen roikot

Kankailla teeret kujertavat
joutsenet joutuin entävät matkaan
            pian livertää peippo oksallaan

Ja leivo liitää kevääseen
korkealle taivaan sineen
riemukkaasti saapuvaan suveen

Kissa

Orpo elämänsä alussa
toiveikas, katsoen tulevaan
turkki hellänpehmeä pinnastaan
kynnet kavalasti piiloissaan
hyrinää nyt kuunnellaan
aamu-unesta herätään
pian kukkien sekaan takaisin paetaan
piiloon, nukkumaan,
pennun unta
uudestaan

Kiiltokuvassa kissan kuva
mielleyhtymä takautuva
pieniin muistikirjasiin
runoihin kömpelöihin, toistuviin

Hei haloo!

Joku URPO on
laittanut KISSAN petuniapurkkiin
kakalle!

Mustikkamaitoa

Polvillani edessäsi kesä
metsän vehreydessä
sydämeni keinuu
sielujeni maisemaan
sen syvyyttä luodaten
kädet tunnustellen suvenlämpöön
puhjenneiden mustikanvarpujen
kukintoja mättäiden pinnoilla
latautuen
odotuksen mehuisasta täyttymyksestä
loppukesän kynnyksellä

Mustikkamaitosi on valmis
äitisi kermaisen houkuttavasta
sen erottaa
terveysintoilijoiden laktoositon
versio ilman lusikkaa
tehosekoittimesta kaadettua
juotavaa

Polvillani kesäisessä metsässä
varpuja riipien mustikoista
sydämeni marjoista
korvissani itikoiden inislaulu
ylläni humisevat oksistot
muurahaisenpolku
täynnä ahertajia

Tikka nakuttaa kelopuun runkoa
kävylle paikkaa
ikääntynyt sydänkäpyni
kertoo mitan olevan täysi
tältä päivältä

Isoja asioita

Hankikanto kantoi painoni
vierellä tarpoi nelijalkainen, koirani
vaivattomasti pinnalla pysyen
puolipainollani tassuillaan

(itse nelikutosilla selvisin)

Kissoja oli joka puolella valkoisenaan
pajujen oksat notkollaan
Hiljaisia, naukumatta
kulkuamme katsoivat

(mistä lie nimensä saaneet)

Aurinkokin sitten koki pimennyksen
päiväunihuoneeni sai hämärryksen
en viitsinyt tiirailla taivaalle
otin tunnin päikkärit sille

(varoittivat katsomasta)

Politiikan pellet ovat liikkeellä
vaalit tulossa keväällä
kansakunnan talous rappiolla
oikeesti, ei kukaan mistään vastuussa

(duunissa olis tullut potkut)

Kuntaliitoksista kohistaan
mitään ei kuitenkaan saada aikaan
säästetään ja suljetaan
mukamukahommia hoidellaan

(demokratian kääntöpuoli valitusjarrut)

Oi

Oi
karmeaa keliä
ymmärtämätöntä
valtapeliä
tarvon korruption
rämeessä
syvällä
myötähäpeässä

Oi
vallan kahvaan pääseviä
mesenaatteja
valtiotuvissa
tuskaa eduskunnan
portailla
remontissa olevilla
kodittomilla

Oi
ymmärryksen hämärää
maisemaa
näkemyksetöntä
kansalaisten sydän
verellä
maalattuja
ikoneita

Oi
valkokyyhkyä räystäällä
lentosi odotuksen
tuomaa toivoa
paremmasta
paremmaksi
kaikkien
unohtamaa

Oi
rakas isänmaa
äidinmaidosta voimailtu
järvin metsin naapureille
koristeltu
petoksella
myyty

Oi
velkaantuneiden joukko
työttömien armeija
pienin korvauksin
palkittu
nälkään halpuutettu

Oi
pelastava enkeli
leipäjonojen hurskas
Hursti
köyhän ainoa ystävä
jonojesi
kuningas

Oi
ihanuuden muistoja
eletyistä kultaisista
vuosista
ilman huolia
kukkarontäysi
kolikoita

Oi
elämää viimeisellä
rannalla
hiljaista kansaa
tuomiolla
päänsä
pelastavalla
ehtoollisella

Oi
elämän villapaita
norjalaisvillasta neulottu
napanöyhtäiseksi
pidetty
iso ja
paljastava

Mustia pilviä

Se puhuttelee
vallanhimo ja valta
panee ajattelemaan
tulevatko jälleen
Kannakselta
niin kuin silloin kerran
monen vuoden ajan

Yrittivät saada kaiken
veivät Karjalan
rohmusivat ahnauttaan
maat ja mannut
karjalan kunnaat ja
konnut
muistelee väki paennut

Väkevän vallan sylissä
aika pysähtyi kylissä

Suuri ja mahtava
on jälleen asemissa
maailma odottaa
varuillaan
mitä siellä puuhaillaan
joko taas valtaa lisää
hamutaan

Mustat pilvet
odottavat
putoaako murheellinen
viimeinen pisara

Kuriiri

Lentäen leijailen
sypressien yllä
auringon
sokaisemin silmin
horisonttia
sumenneella katseella
tapaillen

Sinisyyteen yhtyvät vuoret
tyynenä huokuva meri
metsät niiden sylissä
sinisyydessään korkealla
alhaalla meren huoma
syvyyteensä katoava

Kyynel pudotessaan
vie viestin mukanaan.

Räntää

Valkoisuutta, arjen harmautta
sataa vettynyttä lunta taivaalta
kipakasti piiskaa räntä kasvoihin
kevään viestiä kuljettaa
hyhmäksi hyytyy
muuttuu rapakoiksi
tienpinnat kuoppaisiksi
routasavea pursoviksi

Kuljettaa kevät kesää kohti
noruttaen vesiuomat tulviviksi
soliseviksi puroiksi
ylivuotaviksi ojiksi, joiksi
jäälauttojen hitaiksi jonoiksi
matkalla järviin ja lopulta mereen

Tähtitarhat

Sukupolvien saatossa
kuljemme silmukoina ketjussa
evoluution mukana
muuttuen, jalostuen kansana

Kummuilla käyskelemme
metsiä samoamme
ikikuusien alle piiloamme
unelmissa rakennamme

Unelmat soivat terävästi, kylmästä
kiiltopintaista lasia ja terästä
rakennukset tavoittelevat huimia korkeuksia
päällekkäin satoja asumuksia

Katoavat korpikuuset
viljapellot ja vainiot
unelmat piilopirteistä
ikiaikaisista hirsimökeistä

Kaavamestarin kynästä
rustataan taas uusi pilvenpiirtäjä
rusennetaan entinen matalaksi
muistot museokamaksi

Silmukassani kiepun vielä tovin
sukuani jatkoin, keräsin melkein hovin
ketjuun liittyivät uutta luomaan
osana kansakunnan tulevaisuuden uomaan

Muuttuvat unelmat ja suunta
tavoitteina rakettimatkat kohti kuuta
ja tuhansia tähtiä taivaalla
ennen niitä saatiin vain ihailla

Sukupolvien saatossa
silmukat löytyvät tähtitarhoissa
uuttaa maailmaa etsimässä
planeettoja kohti rientämässä

Ristinsä

Hehkuu hikensä alla
riutunut keho piiskattuna
verinaarmuisin haavoin
tuskaan sammuen

Taivas tummenee
salamoiden kirkastukseen
herää murheen aamu
eilisen viini huulillaan

Anteeksiannon leipä ravintona

Nytkö jo
aikani on mennä
pelastaa maailman lapset
uskosta ravitut

Lempeä käärinliina

Lempeä
eteläisen maan lämpö iholla
kevyen merituulen hyväilyssä
aaltojen käydessä rantaan

Toinen toisensa perään
aallot, murtuen taas
vellovat rantahiekkaa
vaahtopäät selässään

Palmun alla
hiekassa kuoriainen
matkaa
kuumuutta paeten

Kuulen eksoottiset äänet
askelmerkit hietakummuilla
pois kuihtuakseen kuiskivat
hippuina alas rinnettä

Lämpö ihollani
lempeästi tuudittaa

Meren syli

Meren syleily
intensiivinen hetki
täynnä vastavuoroista voimaa
unelmaa nautinnosta
pakoa pelosta
toivoa taltuttamisen mahdista

Oman purren kannella
kaukaisessa maassa
viimein vieraassa satamassa
ankkuri heitettynä
levon armolliseksi hetkeksi

Takakannella onkivapa
ja saalistoive toteutumaton

Uuden aamun odotukseen
tovi

Onhan

Onhan se nin
Onhan
Kuun sirppi taivaalla selällään
minä selälläni allasi
se kaikki on niin kopean hyvää
Onhan

Kun heräämme aamuun
ihmeissämme kaikesta siitä
loputtomasta ihanuudesta
Onhan tämä totta
Onhan

Nautit suullisen vettä
yön kuivaamat huulet mehevinä
kuitenkin niin on
Niin tavattoman hyvä
Onhan

Se leikki ei jäänyt eiliseen
sen on aika ja määrä jatkua
kuin kalvakka kuu
matkaansa, tähtitarhoissa
Niin mekin

Ohittamaton

Haukka päivystää
saalistaan vaanii, odottaen
lentoon pyrähdystä
kaartelua korkealla
syöksyäkseen alas
kynnet valmiina tarttumaan

Lisko lämmittelee oksan katveessa
kuumalla hiekalla
auringon paisteessa
paahteisella rannalla
aavistamatta kohtaloaan

Vilahtaa tumma varjo
häikäisevältä taivaalta
kohtalon viemä
tukahtuu pyristellen
haukan kynsien otteessa

Tänään ohittamaton
oli kohdattava

Hetki siellä

Auringon valossa
sen kuumuudessa
hiekkadyynit hohkavat lämpöään
askel painautuu pintaan
hetkeksi saa muodon
katoaa

Poutapilvi lipuu taivaalla
etelää kohti
mustarastaan laulu mukanaan
ääni painuu tajuntaan
hetkeksi mielen valtaa
sointi jää

Tuulenvire
nostaa hiekkapölyn
kohden kulkijaa
tuulta vastaan käy
askellus
painuu tajuntaan

Tähti

Niin korkealla
on se tähti
jota tuijotan pation hämärässä
muovijakkaralla istuen
sitä tähyän
pikkiriikkisenä
LUOMAKUNNAN KRUUNU

HAH...
yhä vaan tuijotan
kauan
ja vilusta vapisen
suunnattoman suuren taivaan alla
ihmetellen avaruutta

Minä ja tähteni olemme vähän
vaikka kruunu otsaa
kihelmöiden satuttaa
Olen
aina vain vähemmän

Sen kerran

Vain itseni kanssa
tunnen olevani sinut
pienen hetken
ypöyhtenä, yksinäisenä yönä
edessäsi alastomana
katseesi riisuessa sen vähän,
loputkin

Ja kuinka tunnenkaan
olevani tarpeellinen
tuona hetkenä
jolloin ihomme sulavat yhteen
hetkenä, jolloin muuta ei ole
hetkenä, jossa muu unohtuu
hetkenä, osana täydellisyyttä

Taivaalla kiitävät pilvet
kuu vaihtaa muotonsa täydeksi
vuorovesi paisuu täyttäen rannat
aallot kohisevat kallioihin
riutoille pelastuvat uskolliset
rutistautuneina toinen toisensa syliin
onnenseppeleet ohimoillaan.

Yksinkertaista

Niin yksinkertaista
on kietoa
vartalosi tykkäämiseni viittaan

uida unelmiimme
ja syttyä liekkiin
kuin revontulet pohjoisella taivaalla

olla alaston kaikelle
kaikessa
ilman turhamaisuuden narsistisia
tansseja

lempemme virran viedä
katsoa se tähtimeri
joka tänään on todellinen
sen
täyttymyksen hetken

Kun on

Kun on aika
rientää halujensa tuulessa
antaa mahdollisuus
kerrankin
kaikelle luvattomalle

Riistää keho irti kahleestaan
ja antaa kaiken sen tulla
lähelle
kuumana
haluttavana

Velhoviitan suojassa taikoa
onnellisuuden riitti
olla ojoisena halusta
rientovalmiina
lämmön ympäröitäväksi
ottavaksi
ravistella totutuksi tullutta
antaa seikkailulle rujo voima
joka vie meidät syvemmälle

Täydellisen kokemuksiin

Sukuketjussa

Isämme, isät ja pojat
sukutarinaan liittyvät myös naiset
jatkumoa muassaan
kantoivat lasta vuorollaan
kohdussaan

Historian kirjoissa on tapana
kertoa, kuka piti
valtikkaa kourassaan
ruoskaa, piiskaa, sanansäilää
sukua pitämässä ruodussaan

Miehisyyden mitta on ollut
sotimisen taito
ei historian huomenissa riitä
nyyhkiminen, herkkyys aito
tuomaan kunniaa suvussaan

Yksi sukupolvi kerrallaan
siirrymme manalaan
puupalttooseen pakataan
jäänteet kääritään puhtaaseen
palttinaan, ehkä pellavaan

Kunniasta kummuilla kivet viestii
suurimmat paadet mammonasta henkii
vauraudesta, asemasta, mahtavuudesta
vaan pienenkin kiven alta
huokuu rakkautta, tahtoa huolehtia isänmaastaan

Lapset kumpujen äärellä
mykkinä ja hiljaisina
ymmällä historian pärskeistä
voitoista, mahdista, merkityksistä
kasvavat uuteen huomiseen

Ihmisen viisaus
aika ajoin nollataan, kun
voimakkaat yli ajaa tahdollaan
monta kaunista elämää
unelmaa niin tuhotaan
unholaan

Yksisarvinen

Urho korskea kukkulallaan
miehuutensa uhossa
itsetietoisuudestaan täyden täysi
sarvensa hekumaan yllyttää

Kupeissa neidon
vaimon ja maamon
leiskuu kipunoiden haluinen odotus
täyttymyksen kaipaus

Maaemo konnullaan
kuljettaa lapsiaan
kohtaamaan
kokemaan, rakkauden ottamaan

Urho korskea
mukanaan jumalten lahja
istuttaa siemenen sieluineen
uuteen aikaan kasvamaan

Laulavat sukupolvet loihtuen
kaipausta, täyttymystä, kaihoa
veisaavat tuleville maan taivasten onnea
ikuista, yksisarvisen...

Vuori

Se vuori on raskas kavuta
syntymäpaljaat jalkasi
tuohivirsuissa
onko viisas ajatus

Matkalle on lähdettävä
vaikka kengittä
vuorelle, näköalapaikalle
näkemään mielenrämeen heijastus

Siellä vuorella
moni kipuaa
etsiessään totuutta
huulillaan tuskan virnistys

Itkukanervat kukkivat
nauravat vapauden lokit
tikat takovat sydänkäpyjään
iltavirreksi soi palokärjen säleinen pärähdys

Kulje taikavirtaa
rauhassa, meloen
syvän virran pyörteissä
kuvajaisena
mielen vuori

Sinne on kivuttava
kunhan koskikaran löydän
ahvenpurttani uhmaa yön syli
virran syövereissä louskavat hauen leukaluut

En tavoittanut
valkoista lumpeenkukkaasi
utuisen sumuhunnun alta
sieppautui varjoihin, kuunsirpin mukaan

Sitä vuortani kierrän
aamunkajossa auringossa askellan
etsien yhä polun päätä
yön unikuvaiset rasvalaput silmillä

Tuohivirsuni
odottavat

Läsnäolo

Hiljainen läsnäolo
ilman selityksiä, turvallinen
vain pieni ote sormenpäin koskien
olet läsnä, nyt kun niin tunnen, tiedän

Ei sanoja
hiljainen hymysi
rakentaa elämälle temppeliä
sydämeen, yhteisiin unelmiin
tavoitteisiin, jotka ovat meidän

Ymmärrys
merkitys toisiimme ei huuda sanoja
tiedämme että näin
eletään, tehtävä täytetään
se täyttää jokaisen päivä

Yö kanssasi
un unelmista runsas, kevyt, ehyt

Aamu taittaa yön hetket
yhä tunnemme kosketuksen
hiuskarttasi vallattoman säkkyrän
sormiin taittuvat kiemurat, yhäti yhtä

Niin ihanaa

Elämä
rauhallinen hetki
toinen toisensa perään
pienistä asioista koottu
suurilla tunteilla ladattu
kokemuksin täytetty

Sinusta

Kurttuotsa

Kulman takana
otsakurtut odottaa
arvontojasi

Sanapatosi
murtumista toivovat
mykät ystävät

Sanonnan mukaan
kevät saa myös ihmiset
aurinkoisiksi

Helskytä sanat
lirkuttele kuin lintu
aamuoksallaan

Saalis

Onnistuneesti
onkesi koho kelluu
lähivedessä

Kiiskinarrina
lirputtelee pinnalla
aallon harjalla

Upposi koho
sieppasi kalan kita
madon, koukusta

Ei tullut kiiski
ei ahven eikä särki
ruohotuppo vain

Muisto

Nousit vaahtopäisistä aalloista
hersytellen kosteutta yltäsi
hiukset raskaina nuorella ihollasi

Viivyit ikimuistoisen hetken
alastomana katseeni alla
meren suola huulillasi

Rantahiekka silottuu
maininkien toistuvassa hyväilyssä
suudellen etääntyvät jalanjälkesi

Nyt ranta on tyhjä
ilma täynnä lokkien kirkunaa
ja muisto –
laulaa omaa sävelmää

Afrodite

Tyrskyistä nousit
sulotar, kuin Afrodite
rehevämpänä
kuin jumalat koskaan

Astelit vapautuneena
täynnä naisellista lumoa
meren huuhtomalla
aamuisella rannalla

Askeltesi jäljet painuivat hiekkaan

Aurinkokin hymyili

Kaksi tänään

Rantahiekalla vaatemytty
sievästi viikattuna
odottamassa

Aamu-uinnilla kaksi
harmaahapsista
toisiaan pian, aalloissa tuudittamassa

Saapuu se seitsemäs aalto
sieppaa rakkaat mukaansa
pois rannalta, kahlaamasta

Katsovat toisiaan
harteillaan kantaen vuosiaan
yhdessä kellumassa

Vuosikymmenten tottumus
veden voima ja luottamus
rantaan ovat jälleen palaamassa

Oikovat pellavaiset hiuksensa
vanhukset yhtä matkaa rinnakkain
koti kotia askeltain, ovat päivää aloittamassa

Niin yksin

Seisot rantavedessä
tänään yksin
meri huuhtoo kuohuihinsa
muistojasi
puhdistaa sinut
nuoruutesi kahleista
pisara kerrallaan

Sinun on ikävä
katsot kauan harpenevin katsein
tavoitellen voimanrippeitä
itkeä rakkaasi perään

Siellä jossakin aavalla ulapalla
lokki löytää kotilaivan

Laskeudut verkkaan polvillesi
harmaat silmäsi katsovat
aaltojen syntyyn isoten kauas
onnesi alkulähteille

Ja muistat hänet
vielä eilen rinnallasi
merta katsoneen

Sillä kummulla

Vuosikymmenten jono
himmentää muistikuvaa sinusta
jonka haudalla niin usein itken
toivoen, että kuulisin ne tutut askeleesi
käsiesi lämmön, äänesi soinnin ja
rakkaudesta loistavat silmäsi
ja kaiken yhteisen

Istun kumpusi äärellä
katseeni hyväilee nimesi kirjaimia hautakivessä
jotka nekin ovat haalistuneet ja kuitenkin
yhä sydän huutaa kaipauksesta

Mietin
miten monen elo päättyy niin varhain
mietin sitäkin, yhä vuosikymmenten jälkeen
kuinka urhea olit. vaikka tiesit kaiken olevan
peruuttamatonta

Istun kummullasi
kädessäni kimppu valkovuokkoja
ja odotan kesän, syksyn, talven, kevään,
päivät, viikot, kuukaudet, vuodet, vuosikymmenet
   -    kunnes aika on

Erämaalaivat

Erämaan laivat
saapuvat hitaasti astellen
yhdeksäntoista toisiinsa kytkettyä
keinuvaa kuormajuhtaa
turistit selässään
kukin
takaa tulevan kamelin
suun hamuttavissa
pieni lapsi äitinsä sylissä
paljain jaloin
vailla juoksuaskelta
kummeksuen epävakaata kyytiä

Niin matkaa erämaalaivue
kaapuihinsa kääritty
johtaa laumaansa
perässään toinen vartija

Kaiken sylissä olen
vain pieni pisara
pienen kiven päällä
kohtaamassa päivää
kun linnut laulavat suvihuomentaan

Lumen keskeltä hiljaisuutta kuuntelen
miljardia muurahaista ajattelen
jäisessä talvikodossaan
ja kuinka keväällä heräävät ahertamaan
polkujaan rakentamaan

Erämaalaivat siellä jossakin
jatkavat matkaa – kulkuaan

Kurkistaa keltainen leskenlehti
kevään pälvestä
loistaa kuin kirkas aurinko
valkoisen erämaan keskellä

Vitosia

Viis siitä
että syntymäni hetki
täyttyi vitosista
oli helppo ja
äitini polkantanssitaidon
vuoksi etuajassa

Viis siitä
että se pyykkikin piti pestä
vielä viime tipassa
ja tuli pikalähtö
pirssillä
klinikalle

Viis siitä
sain syntymässä
vikkelyyden perinnön
keskinkertaisen ihmisen elämän
paljon energiaa ja
tekemisen taidon

Viis siitä
että siitä on jo aikaa
viis yli kuusikymmentä
kannan sisälläni
lämmintä
selviytymisen ja
onnen tunnetta

Viis
viis
viiskymmentä
iltapäivällä puol viis
kuus
viis

Justin Larma (Mauri Laakkonen) syntyi Kalajoella 5.5.1950,, teksti
kirjoitettu 5.5.2015

Kuusi on poissa

Tänään katson eilisen jälkiä
ja mietin mitä siirtäisin huomiseen
tänään kun on niin paljon muuta,
mutta niinhän elämässä aina on,
eilisen risusavotta
on huomisen juhannuskokko.

Uskomaton määrä hommaa
sisältyy yhteen juhannusvalkeaan
ja sen yhden hetken oheistoimintaan
kassitolkulla ruokaa ja juomaa
joillakin
kaiken varalta puukot ja puntarit.

Tuossa pihalla makaa tuulen kaatama kuusi
se pitäisi oksia, pätkiä, pilkkoa ja varastoida
onhan siinä kirveellä töitä
ja sahastakin saattaa olla apua
puhumattakaan kottikärryistä
joilla kompostikasaan oksat siirtelen

Nyt on koottava rakennuspalikat
pihailmeen uudelleen rakentamiseen
ehkä ensin, se mietintämyssy päähän
hetken tuumaus
joka saattaa venähtää viikoiksi
ja rikkaruohot ryntäävät muistuttamaan
kaatuneesta kuusesta

No eipä mennä asioiden edelle
tartun siis kirveeseen
ja ryhdyn oksimaan...

Kyllä sen kuusen tilalle jotain
sitten aikanaan

Kynnyksellä

Kevätkesällä
syntyi aikanaan, lapsi
kasvoi mieheksi

Väittävät naiset
Ei mies ole aikuinen
koskaan, vaan lapsi

Liekö tuo paha?
Lapsista naiset tykkää
jopa vauvoista

Aikuinen mieskin
hoivasta tykkää, usko
vaan ja kokeile

Hyrrää kuin kolli
On tipotiessään molli
nauttii duurissa

Lokoisa ukko
rakas sohvaperuna
ihana, paras!

Oikea naru
ota, siitä nykäise
keino toimiva

Yksinkertainen
onkin, miehen logiikka
siis, se oivalla

..ja on matot jo kynnyksellä

Aamu kotona

Viserrys, laulu
Sadat kotimaanlinnut
Aamun ilona

Vihertää, nurmi
Valkovuokot kurkistaa
Nurmimatoltaan

Hiirenkorvalla
Koivut valkorunkoiset
Kesää ennustaa

Suomen keväässä
Kaikki on niin kaunista
Suloisen herkkää

Kalastaja

Kuohuvalla rannalla
meriveden hiekansekaisissa
kuohuissa
vellovat muistojen vaahtokarkit

Seisot jumalaisen kauniina
vasten aamuaurinkoa
kuin nuori Jumala
perintönä Noan arkista

Vahvana katsot hyökyjen suuntaan
Täynnä voimaa ja tahtoa
Merten kalastaja
Saaliina vahvin tuntosi

Rohmu

Rohmujen sukupolvi

Kaikki mulle!

Ei mitään sulle!

Jonossa otettava aina

ensimmäinen paikka

Lettipää

Letitänkö hiuksesi
vahvat
vaaleat

Värkkäisinkö
nisuletin
kullankeltaisen

Nyöreillä koristaisin
palmikon
uhkean

Voi pientä lettipäätä
kevään
uusimman

Hän letittää
hiuksiasi
unessaan

Muistelee
tapaamistanne,
silmät ummistaa

Sisällysluettelo